W0279620

Mem Fox

Plumes et Prises de bec

Nicholas Wilton

Traduction de Michèle Marineau

carréBLANC
Les 400 coups

Plumes et Prises de bec
est publié dans la collection Carré Blanc
sous la direction de Yves Nadon.

Adaptation graphique de la mise en pages :
Tatou communication visuelle

L'édition originale de cet ouvrage a été publiée par
Harcourt Brace & Company
sous le titre Feathers and Fools

Texte © 1989 Mem Fox
Illustrations © 1996 Nicolas Wilton
Feathers and Fools © Harcourt Brace & Company
Pour l'édition originale
© 2001 Les éditions Les 400 coups
Montréal (Québec) Canada

POUR L'ÉDITION FRANÇAISE :
© 2002 - Les 400 coups-France
Dépôt légal : 1er trimestre 2002
ISBN : 2-84596-044-1
Loi 49-956 du 16 juillet 1949 sur les publications destinées à la jeunesse.

Toute reproduction, même partielle, de cet ouvrage est interdite.
Une copie ou reproduction par quelque procédé que ce soit,
photographie, microfilm, bande magnétique, disque ou autre,
constitue une contrefaçon passible de peines prévues par la loi
du 11 mars 1957 sur la protection des droits d'auteur.

TOUS DROITS RÉSERVÉS.
Imprimé au Canada par
Litho Mille-Îles ltée

À Linda Rief
M. F.

À ma fille Lyla
N. W.

Il y a très longtemps, dans un pays lointain, des paons magnifiques vivaient au cœur d'un jardin luxuriant.

Non loin de là, une bande de cygnes gracieux avait élu domicile parmi les joncs et les roseaux d'un lac aux eaux limpides.

Un jour, un des paons se mit à réfléchir aux mystères de la vie.

– Quelle chose étrange que les cygnes puissent nager, dit-il d'un air songeur. Il est heureux, en vérité, que nous n'en fassions pas autant, car nous serions en grand danger de nous noyer.

La queue en éventail, les autres paons méditèrent cette pensée profonde en opinant gravement du bec. Le premier paon reprit la parole.

– Quelle chose étrange que les cygnes puissent voler, déclara-t-il. Il est heureux, en vérité, que nous n'en fassions pas autant, car nous aurions l'air parfaitement ridicules.

Les autres paons, tout en continuant à approuver du bec et à faire la roue, méditèrent cette nouvelle pensée.

Le premier paon rompit de nouveau le silence.

– Je crains les cygnes, dit-il. Ils sont forts et puissants.
S'ils le voulaient, ils pourraient nous chasser de nos jardins,
nous obliger à voler ou encore nous forcer à nager.

Çà et là, des paons agitèrent leurs plumes d'un air inquiet.

– Quel terrible malheur ce serait ! s'écria l'un d'eux.
C'en serait fini de notre foyer, de notre bonheur, de notre vie !

Cette déclaration fut accueillie par des murmures inquiets.
Il fallait agir sans tarder.

C'est ainsi que les paons entreprirent de ramasser une énorme quantité de plumes qu'ils taillèrent en pointe pour en faire des flèches et qu'ils dissimulèrent dans les coins sombres du jardin.

Le premier paon, qui était aussi le plus stupide, reprit alors la parole d'une voix forte, de façon à être entendu des cygnes.

– À présent, dit-il, nous sommes en mesure de nous défendre contre les cygnes. Nous allons leur lancer ces flèches en pleine gorge et les massacrer tous si jamais ils essayaient de changer notre façon de vivre.

Effrayés par ces propos belliqueux, les cygnes taillèrent un nombre encore plus grand de plumes, qu'ils cachèrent soigneusement parmi les joncs et les roseaux.

Par mesure de précaution, les paons et les cygnes, chacun de leur côté, continuèrent à accumuler les armes. Mais ils se rendirent bientôt compte, à leur grand désarroi, que plus ils amassaient de flèches, plus leur terreur grandissait.

La nuit, tant dans le jardin que sur le lac, aucun oiseau n'arrivait à dormir. Au moindre bruit, le cœur de chacun battait à grands coups désordonnés. Au moindre mouvement, tous se mettaient à trembler.

Un jour, un cygne vint à passer au-dessus des paons. Ce cygne tenait dans son bec un roseau dont il avait besoin pour construire son nid.

Aveuglés par la panique, les paons crurent qu'il s'agissait d'une flèche. Ils rassemblèrent alors leurs forces et foncèrent droit vers le lac.

Les cygnes, en les voyant approcher, se préparèrent à riposter. Bientôt, des cris et des pleurs s'élevèrent de partout, et des ruisseaux de sang assombrirent le sol. Un nuage de plumes monta dans le ciel, obscurcissant l'éclat du soleil.

De tous ces oiseaux, aucun ne survécut.
Un silence absolu enveloppa le jardin.
Et le lac.

Et puis, dans un recoin du jardin, un œuf se fendilla. Un petit oiseau en sortit et avança en chancelant dans ce monde de silence et de sang.

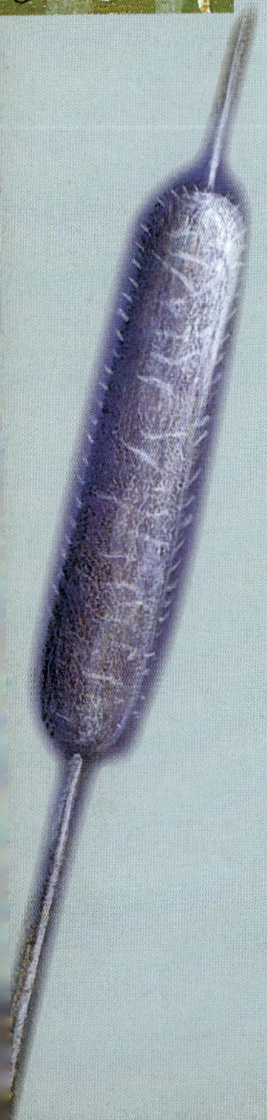

Au bord du lac, parmi les roseaux, un autre œuf commença à éclore, et un autre oisillon tenta quelques pas au cœur du paysage dévasté.

Les deux oiseaux s'avancèrent maladroitement l'un vers l'autre, pleins de curiosité et de confiance.

– Tu es comme moi, dit le premier.
Tu as des plumes et deux pattes.

– Tu es comme moi, dit le second.
Tu as une tête et deux yeux.

– Veux-tu être mon ami ? demanda le premier.

– Bien sûr, répondit le second.

Ils se mirent en route, en paix et sans aucune crainte,
pour faire face au jour naissant et, ensemble, se partager le monde.